LES APPLICATIONS

DE LA

SOLIDARITÉ SOCIALE

PAR

Léon BOURGEOIS

DÉPUTÉ

Extrait de la **Revue Politique et Parlementaire** (*Janvier 1902*)

PARIS

BUREAUX DE LA *REVUE POLITIQUE ET PARLEMENTAIRE*

63, RUE DE L'UNIVERSITÉ

LES APPLICATIONS

DE LA

SOLIDARITÉ SOCIALE

PAR

Léon BOURGEOIS

DÉPUTÉ

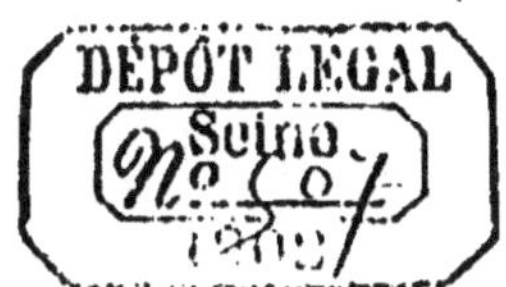

Extrait de la Revue Politique et Parlementaire (Janvier 1902)

PARIS

BUREAUX DE LA *REVUE POLITIQUE ET PARLEMENTAIRE*

63, RUE DE L'UNIVERSITÉ

LES
APPLICATIONS DE LA SOLIDARITÉ SOCIALE

Mesdames, Messieurs,

Je vous demande la permission de résumer les idées que j'ai déjà exposées dans nos conférences précédentes, afin de bien marquer le point de départ de notre entretien d'aujourd'hui.

Nous avons dit qu'une solidarité de fait unit nécessairement tous les hommes, mais que cette solidarité de fait n'a rien de commun avec la justice.

Nous avons reconnu qu'une société ne peut progresser qu'à deux conditions. Il faut, d'une part, que la liberté des individus qui la composent soit assurée. Il faut, d'autre part, que ces individus concourent ensemble vers un but commun. Ce n'est pas la lutte pour la vie, c'est l'union pour la vie qui parait être la loi de l'évolution humaine. Or, le seul but commun qui

(1) *Note de la rédaction.* — M. Léon Bourgeois a ouvert les Conférences organisées pendant l'année 1901-1902 par l'École de Morale, en exposant, dans trois conférences magistrales, la doctrine sur la solidarité sociale qu'il s'efforce de répandre depuis quelques années en mettant à son service sa parole si éloquente et si persuasive.

La troisième de ces conférences, comme le montre son titre et comme on en jugera par sa lecture, avait sa place marquée dans la *Revue politique et parlementaire*. Nous remercions bien cordialement M. Léon Bourgeois de nous avoir gracieusement autorisé à la donner à nos lecteurs avant qu'elle ne paraisse, avec les deux premières, dans le volume de la Bibliothèque générale des Sciences sociales que doit lui consacrer la librairie Alcan.

On peut être d'un avis différent de celui de M. Léon Bourgeois sur quelques-unes des solutions qu'il propose. Mais on devra rendre hommage à la sincérité avec laquelle il indique les conséquences qu'il croit logiquement contenues dans sa doctrine, sans reculer devant les plus hardies ou devant celles dont il parait bien difficile de prévoir la réalisation prochaine. Et on devra reconnaître aussi qu'en cherchant à propager ses idées par la discussion la plus large et la plus libre, il contribue pour une grande part, avec l'autorité particulière que lui donne sa haute situation politique, à l'œuvre si nécessaire de l'éducation de notre démocratie. — F. F.

puisse être poursuivi par des êtres doués de conscience, c'est la Justice. Il n'y a que la Justice sur laquelle puissent et doivent se mettre d'accord toutes les libres volontés.

Nous avons ensuite essayé de définir la Justice. Nous pensons qu'elle consiste essentiellement en un rapport d'équivalence entre des services échangés.

Ce rapport apparaît très clairement dans les contrats du droit privé. Un contrat de cette espèce est réputé juste toutes les fois que chacun des contractants a espéré obtenir et croit avoir obtenu, en réalité, des avantages équivalents.

Bien qu'il soit au fond de même nature, le rapport d'équivalence auquel se ramène la justice est un peu plus difficile à saisir quand on considère les individus engagés dans cette vaste association qui s'appelle une société.

En fait, il n'y a pas de consentement préalable des contractants, en ce qui touche les obligations sociales. Il n'a pas pu y en avoir, et c'est l'objection insurmontable qui a ruiné la théorie du contrat social de Rousseau. Mais si le consentement des individus n'a pas présidé à la formation des sociétés, on peut affirmer qu'à un moment donné, lorsqu'elles sont parvenues à un certain degré de civilisation, ce consentement préside à leur maintien. Et il suffit qu'il intervienne, même aprèscoup, même tacitement, pour que nous disions qu'il existe entre tous les membres d'une société ce que le droit civil a depuis longtemps désigné sous le nom de quasi-contrat.

Pour que ce quasi-contrat soit valable, il faut, comme dans le droit privé, qu'il y ait équivalence entre *les causes* du consentement des parties. Il a précisément pour objet d'établir entre les services que, par le fait de la solidarité naturelle, chacun rend à tous et ceux que tous rendent à chacun, l'équivalence qui peut seule déterminer de part et d'autre le libre consentement. C'est cette équivalence que nous appelons la justice.

Pour que la justice ainsi entendue règne parmi les hommes, il ne s'agit pas de faire disparaître les inégalités qui tiennent aux aptitudes physiques et intellectuelles de chacun des hommes et sont le fait de la nature et du sort. Contre ces inégalités l'accord des volontés ne peut rien. Elles sont hors du quasi-contrat social. L'équivalence des services rendus et reçus ne doit pas aboutir au nivellement absolu des conditions. Nous ne savons pas si ce nivellement est souhaitable. Nous nous contentons de savoir qu'il est impossible. Ce qu'il faut faire disparaître, pour réaliser la justice, ce sont seulement les inégalités de condition qui sont le fait des hommes eux-mêmes, de leur ignorance, de leur égoïsme, de leur âpreté au gain, de leur violence.

Faire disparaître ces inégalités, c'est opérer le rétablissement du rapport d'équivalence qui doit exister dans l'échange des services sociaux. Ce rétablissement est, en somme, l'objet de ce que nous avons appelé *la dette sociale*, en donnant à ce mot un sens relativement nouveau et une étendue plus grande que celle que comportent les anciennes notions de droit et de devoir.

Nous avons été conduits à élargir ces anciennes notions et à resserrer l'homme dans un réseau de devoirs plus nombreux et plus stricts, en constatant qu'il y a, pour chaque individu, par le fait de la solidarité, une part de sa propriété, de son activité, de sa liberté, qui est d'origine sociale et qui, venant de l'effort commun, doit être par lui consacrée à l'effort commun, s'il veut remplir ses obligations envers la société dont il fait partie, s'il veut obtenir sa *libération* et devenir digne de jouir pleinement de sa liberté individuelle.

Nous avons dit enfin qu'en présence de l'impossibilité évidente de fixer exactement, dans l'association qui naît du quasi-contrat social, la valeur de l'effort personnel de chacun, la valeur de la dette des uns et de la créance des autres, c'est par voie indirecte seulement, en obtenant pour ainsi dire *au préalable* de chacun des hommes l'acquittement de la dette sociale non envers un associé en particulier, mais envers tous, qu'il sera possible de placer les contractants dans un état d'égalité relative où leur liberté pourra désormais s'exercer sans injustice. Et nous avons ajouté ceci : il y a une répartition à faire, entre tous les membres de l'association, de risques et d'avantages qui ne peuvent être calculés à l'avance ; le seul moyen qui s'offre à nous de résoudre la difficulté c'est de mutualiser ces risques et ces avantages, ce qui revient à admettre à l'avance que, sans savoir qui supportera le risque et qui bénéficiera de l'avantage, les risques seront supportés en commun et l'accès des différents avantages sociaux sera ouvert à tous.

Je m'excuse, Mesdames et Messieurs, de vous avoir rappelé ces principes sous une forme peut-être trop abstraite. J'espère les éclaircir et, au besoin, les justifier, en abordant maintenant l'examen de quelques-unes des applications qu'ils me semblent comporter.

Je voudrais d'abord m'expliquer sur l'étendue de la dette sociale qui pèse sur chacun des associés vis-à-vis de l'ensemble des autres. Nous verrons ensuite par quels moyens l'exécution de cette dette peut être assurée et dans quelle mesure elle peut être sanctionnée sans qu'il soit porté atteinte à la liberté des individus.

Il y a, dans toute société, un certain nombre de charges communes qui doivent être forcément supportées par tous les membres de la Société, sans exception. Ce sont celles qui ont pour but d'assurer la conservation de la Société elle-même, soit contre ses ennemis extérieurs, soit, à l'intérieur, contre les tentatives de désagrégation et de désordre qui pourraient se produire. Elles se traduisent par des dépenses de guerre, de justice, de police, d'administration générale des biens et des intérêts communs auxquelles personne ne peut avoir l'idée de se soustraire dans une société humaine civilisée. Il ne s'agit pas ici d'un risque particulier à tel ou tel des associés, mais d'un risque général pour l'ensemble des associés; il y a, par conséquent, identité entre l'intérêt commun et l'intérêt particulier de chacun des associés. Mais à quoi bon insister sur ce point? Tout le monde est d'accord.

De même qu'il y a des risques sociaux communs, il y a des avantages sociaux également communs. Je veux parler notamment de tout ce qui constitue le trésor intellectuel et moral de l'humanité dans une société déterminée, à un moment quelconque de son développement.

Les idées se communiquent sans que personne s'enrichisse ou s'appauvrisse en les communiquant. Il nous est à peu près impossible d'en connaître l'auteur, le véritable inventeur. Ont-elles, même à l'origine, un créateur bien certain? Il est permis d'en douter. En tous cas, elles ne peuvent être l'objet d'aucune appropriation personnelle.

Que résulte-t-il de là? C'est que ce trésor doit être accessible

à tous les associés et qu'il est impossible qu'il soit particulière-
ment retenu par quelques-uns. Ceux qui chercheraient à le gar-
der d'une façon exclusive, en tout ou en partie, commettraient
un véritable détournement. Mais il ne suffit pas d'affirmer que
tout homme doit avoir accès à l'ensemble des trésors intellectuels
et moraux de l'humanité, il faut que cet accès soit pratiquement
assuré. C'est là, me semble t-il, une des applications les plus
nécessaires des idées générales que j'ai développées jusqu'ici.

La communication des idées se fait par l'enseignement. L'enseignement des vérités définitivement acquises, soit dans l'ordre scientifique, soit dans l'ordre moral, doit donc être donné à
tous les hommes indistinctement. Il est inadmissible qu'un individu capable de recevoir ces vérités en soit privé par des
obstacles dus au fait des autres hommes. Il y aura naturellement entre les hommes des inégalités d'aptitude. Les uns sont
intelligents, les autres ne le sont pas. Les uns pourront s'élever
dans les connaissances jusqu'au plus haut degré ; les autres ne
dépasseront jamais les degrés inférieurs de l'échelle ; c'est l'affaire
de la nature et nous n'y pouvons rien. Ce qui importe, c'est que
la seule cause d'arrêt, pour chacun des associés, soit son inaptitude naturelle.

C'est pourquoi je n'hésite pas à dire que, dans une société
bien organisée, l'enseignement ne doit pas être seulement gra-
tuit au degré primaire, il doit l'être aussi au degré secondaire
et au degré supérieur. Il faut que la seule cause qui puisse
écarter les enfants ou les jeunes hommes des études supérieures
soit leur inaptitude et non le prix de l'enseignement. La gra-
tuité de l'enseignement à tous les degrés est une des conséquences premières de la solidarité sociale. Mais on doit aller
plus loin encore dans cette voie. Ce n'est pas seulement durant
l'enfance qu'on apprend ; ce n'est pas seulement à l'âge scolaire
qu'on forme son esprit, qu'on développe sa conscience ; on
s'instruit et on *s'élève* toute sa vie, et il faut qu'à tout âge l'individu dispose d'un loisir suffisant pour pouvoir compléter
aisément cette éducation de soi-même sans laquelle on ne peut
parvenir au développement intégral de ses facultés.

Nous touchons ici à un autre problème qui paraît fort éloigné
du problème de l'éducation, mais qui s'en rapproche beaucoup

à mes yeux, c'est le problème de la limitation des heures de travail. Ce problème est étudié le plus souvent au point de vue purement économique, au point de vue des besoins de l'industrie en général ou de telle ou telle industrie particulière. Je n'ai pas la prétention de l'examiner et de le résoudre à ce point de vue. Je me borne à dire qu'au point de vue des nécessités de la formation et de la culture de l'esprit, il n'y a qu'une solution possible : la limitation des heures de travail.

Limiter les heures de travail c'est réserver une certaine part de la vie de chacun des associés pour l'achèvement de son instruction et de son éducation personnelle. C'est plus encore, c'est rendre possible sa vie morale. En effet, tant que l'homme est appliqué à son travail matériel de l'usine et de l'atelier, il ne vit pas de la vie morale proprement dite; il ne jouit pas de la liberté de son esprit, de ses sentiments et de son cœur. Il faut qu'au sortir de l'atelier il ait le temps de vivre au milieu de ceux qu'il aime, de partager leur vie, de se perfectionner et de les perfectionner dans la vérité et dans le bien. Il est donc nécessaire, sans quoi il y a une injustice véritable, que l'organisation sociale lui permette d'en avoir le loisir.

Je sais bien que la solution que j'indique est rendue difficile par les dommages que la concurrence étrangère pourrait causer aux industries du pays qui l'adopterait. Mais ce sont là des difficultés essentiellement contingentes; elles ne sont certainement pas insurmontables et elles ne doivent pas nous cacher l'idéal dont la réalisation est si désirable.

N'y a-t-il pas, d'ailleurs, des pays qui ont déjà résolu la question? Une intéressante étude de M. Albert Métin nous apprend que l'Australie a déjà réussi à limiter les heures de travail, même sans l'intervention de la loi, par une série d'accords établis entre les syndicats patronaux et les syndicats ouvriers. Il est permis d'espérer que d'autres pays seront encouragés par cet exemple et, se décidant enfin à aborder le problème dans son ensemble, lui donneront la solution qu'exige la Justice.

Des biens intellectuels et moraux qui échappent à toute appropriation passons aux biens matériels, à ceux qui existent en quantité toujours limitée, qui se diminuent par le partage, se détruisent par la consommation et sont éminemment susceptibles d'appropriation privée.

Nous supposerons un individu qui travaille et qui tire de son travail le salaire qui le fait vivre. La société ne peut pas garantir à chacun de ses membres l'égalité du salaire. Cette égalité n'est ni désirable, ni possible. Mais il y a un minimum d'existence, la vie elle-même, que la société doit d'abord assurer à chacun de ses membres. On a eu raison de dire qu'il n'est pas tolérable qu'un homme meure de faim à côté du superflu des autres hommes. Le secours de la force commune est dû, pour garantir le minimum de l'existence, à tout associé, qui se trouve, d'une façon permanente, par suite de son âge ou de ses infirmités, dans l'impossibilité physique ou intellectuelle de se conserver par ses seules forces. Il est dû aussi à tout associé rendu temporairement incapable de se suffire, soit par la maladie, soit par les accidents du travail, soit par le chômage forcé. Ce sont là des risques sociaux dont la charge doit être, en partie, tout au moins, supportée par la collectivité et auxquels doit s'appliquer naturellement la mutualisation.

Je me garderai d'entrer dans le détail de la théorie d'une législation de l'Assistance et de la Prévoyance sociales. Je tiens seulement à en bien affirmer les principes généraux en disant que l'assistance est un devoir social et que chacun des associés doit être prêt à contribuer, pour sa part, à l'accomplissement de ce devoir.

Ce n'est pas tout. La vie une fois assurée dans la mesure où matériellement il est possible de l'assurer, il faut encore que chaque associé puisse exercer son activité de manière à utiliser pleinement ses aptitudes naturelles.

C'est ici qu'il convient de se rappeler et la nature du quasi-contrat qui unit les hommes en société et les règles nécessaires de l'interprétation de ce quasi-contrat. Ces règles ne diffèrent pas de celles qui président à l'interprétation des contrats. Il s'agit, pour bien fixer les droits et les obligations qui en dérivent, de rechercher et de découvrir la volonté des contractants. Dans un quasi-contrat d'association comme dans un contrat d'association, il est assez facile d'apercevoir les considérations principales qui ont pu déterminer les associés à devenir ou à rester associés. Ce qui les a déterminés, c'est l'espoir d'une certaine équivalence dans la situation sociale de chacun, d'une mise en commun de certains risques et de certains avantages;

c'est l'espoir de trouver dans le libre développement de leur activité le moyen de s'élever et de conquérir leur part de bien-
être ; c'est l'espoir de voir disparaître, au moins, toutes les inégalités arbitrairement et artificiellement ajoutées par les
hommes aux inégalités de la nature.

Ceci nous conduit à diverses propositions qu'il serait bien
désirable de pouvoir placer au-dessus de toute discussion.

Tout privilège au profit d'un ou de plusieurs associés, toute
distinction de classes et de castes sont absolument inadmissibles.
Inadmissible également tout obstacle légal à la liberté de la
pensée et de la conscience de l'un des associés.

Les charges diverses nées de l'association doivent être répar-
ties entre tous les associés. Tout système qui a pour effet de
soustraire arbitrairement certaines catégories de citoyens à leur
part dans les charges communes est donc nécessairement con-
damné.

Je conclurai de là, pour toucher en passant à une question qui
semble relever plutôt du point de vue économique que du point
de vue social et pour montrer quelles applications très variées
peut recevoir la doctrine que je vous soumets, je conclurai
qu'il faut repousser aussi tout système établissant une situation
privilégiée au profit d'une catégorie particulière de producteurs
et obligeant les autres à leur payer une sorte de contribution.
Que si certaines industries paraissent indispensables à la société
et ne peuvent subsister qu'au prix d'une protection spéciale,
on ne pourra leur accorder cette protection qu'à titre excep-
tionnel et à la condition qu'il soit bien démontré qu'elle est
destinée à servir l'intérêt général et non celui de tel ou tel
groupe de particuliers.

Il ne saurait être question de monopole dans une Société organisée suivant les principes que je développe devant vous. Ils
doivent être rigoureusement interdits. Cependant, il arrive
parfois que la nature des choses ou les nécessités complexes de
la civilisation en rendent quelques-uns inévitables en fait ; en
ce cas, il faut qu'ils soient exclusivement exploités au profit de
la collectivité et non au profit d'un ou de plusieurs particuliers.
Les grands trusts qui se forment si fréquemment aux États-Unis
accaparent d'une façon abusive certaines denrées de première

nécessité. Il y a, de leur part, rupture formelle du lien juridique qui les unit aux autres membres de la société. Il serait juste que leurs agissements fussent sévèrement réprimés.

Notre doctrine serait incomplète si, après avoir essayé de définir les obligations nouvelles que j'impose aux individus en vue d'établir et de faire fonctionner une organisation sociale équitable, je ne disais un mot de la sanction de ces obligations.

Un associé a-t-il le droit de refuser de supporter la part des charges sociales que nous lui avons assignées? Je ne le crois pas. S'il refuse, il doit y avoir une sanction. Mais laquelle?

Faudra-t-il, pour instituer cette sanction, recourir à une extension des droits de l'Etat? Allons-nous, pour contraindre les individus à s'acquitter de dettes sociales nouvelles, donner, sur eux, à l'Etat un pouvoir nouveau? Allons-nous grossir encore cette autorité de l'Etat dont la puissance sur chacun de nous paraît excessive à beaucoup?

Je ferai remarquer que jusqu'ici, ni aujourd'hui, ni dans nos précédents entretiens, je n'ai jamais prononcé le mot « Etat ». Et si je ne l'ai pas prononcé, c'est que je n'en ai pas senti le besoin. Il ne s'agit pas, en effet, pour moi, de marquer les droits d'un être supérieur et extérieur à nous qui serait l'Etat, de placer cet être en face des individus et de déterminer les rapports qui existeraient entre eux et lui. Je désire purement et simplement définir les rapports existant entre des êtres réels. Or il n'y a pas d'autres êtres réels que les hommes. L'Etat est une organisation que les hommes associés ont établie parmi eux pour s'assurer la garantie de certains de leurs droits et pour pouvoir exiger l'acquittement de certains devoirs. Il n'y a que les hommes qui soient des êtres vivants, pensants, conscients. Par conséquent, le rapport que je cherche à dégager est un rapport entre les hommes, entre les associés eux-mêmes, et c'est de l'analyse des conditions du contrat régulièrement formé entre eux que je fais découler et l'idée générale de ce rapport et les applications qu'elle comporte.

Si, comme je le crois vrai, la mise en commun ou la mutualisation des charges que j'ai énumérées figure incontestablement au nombre des conditions sans lesquelles un associé n'aurait pas consenti à l'association ou sans lesquelles il ne consentirait pas à y demeurer pacifiquement et volontairement, il s'en suit que tout associé qui refuse de remplir une des charges sociales qui lui incombent viole la loi du contrat. Il peut, s'il trouve ces charges excessives, sortir de la société. Nul n'a le droit de l'y retenir. Mais s'il persiste à y rester, il ne peut le faire en dehors des conditions fondamentales de l'accord qui a réuni tous les hommes. Les autres contractants ont naturellement le droit d'exercer sur lui la sanction sociale, c'est-à-dire de le contraindre à l'acquittement de ses obligations, en exigeant de lui sa part contributive à l'ensemble des charges sociales.

Telle est ma réponse sur la question de sanction. Et je ne crois pas aboutir ainsi à une extension des droits de l'Etat. Tant s'en faut. Tout le monde admet aujourd'hui que le progrès de la civilisation peut se mesurer à l'étendue du domaine des contrats. Plus grand est le nombre d'objets réglés par le libre consentement échangé entre les hommes et non par un acte supérieur de l'autorité publique, plus haute est la civilisation. Hé! bien, dans la théorie que je défends, je m'efforce d'étendre aussi loin que possible le domaine des contrats en faisant de la volonté des parties la source et le point d'appui des arrangements qui doivent garantir leurs droits et leurs devoirs réciproques. Comment étendrai-je le rôle de l'Etat? Je le restreins, au contraire, en lui donnant un caractère strictement judiciaire, c'est-à-dire en le réduisant à l'interprétation et à la garantie des contrats librement consentis.

Tel est mon sentiment très net et très formel sur la nécessité et sur la légitimité d'une sanction, sur son caractère. Je voudrais essayer de dire brièvement comment elle pourra être assurée.

Il me semble qu'elle devra se manifester par une contribution obligatoire de tous les associés aux dépenses inévitables entraînées par le fonctionnement des institutions qui servent à la conservation même de la société, à la garantie des droits individuels et à l'accomplissement des devoirs de solidarité.

Ce n'est donc qu'une question d'impôt, me dira-t-on, et peut-être ajoutera-t-on que je risque d'aboutir à une notion dangereuse de l'impôt, à la notion qui tend à en faire un instrument de nivellement entre les hommes.

Sans doute, il y a là une question d'impôt. On ne peut guère en être surpris, puisque toute intervention de la collectivité suppose forcément des dépenses et que, par conséquent, toute réforme tendant à modifier cette intervention doit se répercuter sur les impôts. Mais l'impôt de nivellement est très loin de ma pensée. J'ai dit et répété assez souvent que je ne prétends point niveler les conditions. Je me borne à réclamer la suppression de l'inégalité et de l'injustice en tant qu'elles sont l'œuvre des hommes eux-mêmes. Les inégalités fatales de la nature suffiront toujours à rendre impossible le nivellement que certains redoutent. Je demanderai donc à l'impôt exactement ce qui sera nécessaire pour la réparation des injustices provenant du fait de l'homme et pour l'acquittement des obligations essentielles qui découlent pour chacun de nous de la solidarité sociale.

Suivant la définition la plus ordinaire et, en quelque sorte, classique, l'impôt est la contribution aux dépenses communes ; et les dépenses communes sont celles qu'exige la défense des intérêts communs de la société.

Quelle est, après celui de la défense extérieure, le premier intérêt commun d'une société digne de ce nom ?

C'est le maintien de la paix entre ses membres. Et la condition du maintien de la paix, c'est l'établissement de la justice entre eux. C'est pourquoi il me paraît tout à fait légitime d'appliquer la contribution publique à l'établissement de la justice.

Je n'ai ni le temps ni le désir de vous présenter, même très incidemment, la théorie de l'impôt. Je rappellerai seulement l'idée très générale qui me paraît devoir dominer cette théorie.

L'usage que font les hommes et le profit qu'ils tirent de l'ensemble de l'outillage social n'est pas proportionnel à leur fortune. Celui qui, sans avances et sans instruction préalablement acquise, réduit à la seule force de ses bras, se met au travail et tente la fortune, est dans une condition bien inférieure, pour bénéficier de l'outillage social, à celle de l'homme qui possède déjà un capital intellectuel et matériel considérable. Il y a comme *une progression* dans le profit que nous tirons de l'outillage social, à mesure que nous disposons de moyens d'action plus forts et plus variés. Il est donc équitable de trouver un système de contributions *qui tienne compte de cette progression en y proportionnant* la charge de chacun. Il est nécessaire et juste, d'une part, que beaucoup d'hommes, réduits au minimum des moyens d'action pour l'emploi et le développement de leur activité, soient déchargés de la contribution générale et, d'autre part, que d'autres soient appelés à supporter une charge plus lourde par l'application d'une progression à déterminer.

Cette progression nous fournira-t-elle un supplément de recettes suffisant non seulement pour compenser le dégrèvement des plus pauvres dans la mesure où il est souhaitable, mais pour faire face aux dépenses nouvelles que doit forcément entraîner l'organisation complète des institutions de solidarité sociale ? Ce n'est pas probable. Mais il n'est pas interdit de chercher ailleurs les ressources dont on aura besoin.

Il y a tout d'abord, dans les budgets des grands États, des dépenses héritées du passé et dont la diminution doit être énergiquement poursuivie. La centralisation excessive d'un pays comme le nôtre comporte bien des frais inutiles qu'une réduction des cadres administratifs permettra de diminuer. L'accroissement des pensions civiles des fonctionnaires appelle une réforme profonde : il n'y a pas de raison pour que, dans le système général des retraites des travailleurs, l'État fasse une situation privilégiée à ceux qui trouvent déjà, à son service, une sécurité de carrière que les employés du commerce et de l'industrie ne connaissent pas. La charge exorbitante de la dette perpétuelle doit être progressivement diminuée par un amortissement méthodique. Enfin, il n'est pas possible de douter que l'excès même des charges militaires qui pèsent sur tous les pays de l'Europe ne les amène à chercher dans des conditions moins onéreuses le moyen d'assurer la défense de leurs droits et l'équilibre de leurs intérêts.

Il est enfin des ressources qu'une administration financière habile et pénétrée du sentiment de la justice saura trouver assez aisément.

C'est ainsi qu'on peut se demander s'il n'y a pas lieu à un prélèvement au profit de la collectivité dans tous les cas, et ils sont relativement nombreux, où des mesures d'intérêt général et des actes de l'autorité publique sont venus procurer au patrimoine de certains particuliers une plus-value considérable, sans avoir, d'ailleurs, causé à d'autres le moindre dommage. La valeur de la propriété foncière ne s'accroît pas seulement dans nos vieilles sociétés à population dense et à civilisation compliquée par le travail du propriétaire. Elle s'accroît et parfois très sensiblement par des circonstances tout à fait étrangères à ce travail et qui sont, le plus souvent, le résultat de l'effort de la collectivité. Dans les villes, une bonne part de la plus-value de la propriété foncière est une plus-value sociale. Pourquoi cette plus-value ne serait-elle pas réservée à la collectivité toute entière ? M. Fouillée, dans son livre, *La Propriété sociale et la démocratie*, a montré comment cela pourrait se faire, sans atteinte à la liberté et à la propriété individuelles, par des acquisitions bien conduites ayant pour but d'étendre la propriété foncière communale et de faire bénéficier l'ensemble des contribuables des plus-values que les opérations des travaux publics déterminent dans les quartiers neufs des villes en voie d'accroissement. Je signale à votre étude les développements que M. Fouillée, dans son livre si suggestif, et que de purs économistes, comme M. P. Leroy Beaulieu, ont donnés à l'étude de cette question si neuve et si intéressante.

Messieurs, l'heure me presse et je suis obligé de conclure. Je n'ai pu indiquer que bien sommairement, et par quelques exemples, les conditions générales du véritable contrat de mutualité sociale qui me paraît être le lien d'une société équitable.

Né du fait de la solidarité sans justice, ce contrat transforme le fait en droit par l'intervention de l'instrument de justice réparatrice, la mutualité. La solidarité de fait aboutit à la solidarité volontaire conditionnellement consentie, et la liberté individuelle, ainsi rachetée, prend en toute justice son entier développement. Je n'aperçois pas d'autre moyen de concilier les deux nécessités de l'évolution — la liberté, source de tout progrès, et la justice, source de tout ordre et de toute paix.

Au-delà des obligations sociales dont nous avons déterminé l'étendue et les sanctions nécessaires, c'est encore l'association, l'union des volontés qui demeure désirable. Mais elle est désormais toute volontaire. La loi ne peut intervenir que pour faciliter, non pour imposer cette association. Syndicats, organisations du travail collectif, associations équitables du capital, du travail manuel et du travail intellectuel, coopérations de toute nature, de production, de consommation, de crédit, etc. : tout cela c'est l'union pour la vie, et la loi doit donner toute liberté pour réaliser cette union. Mais c'est à *l'éducation* et non à la loi, qu'il appartient d'y pousser les hommes.

L'éducation ! Comme le disait Michelet, c'est le premier et le dernier mot de la politique. Ce sera le dernier mot des ces conférences.

Et par l'éducation, nous entendons nettement *l'éducation sociale*, c'est-à-dire celle qui a pour but *d'élever* les hommes à la notion du devoir social, de créer en eux cet état d'esprit où ils comprendraient que tout acte *social*, c'est-à-dire tout acte de mutualité et de solidarité, est un acte de moralité supérieure, où ils apprendraient à se sentir et à se vouloir non comme des êtres isolés, mais comme des associés unis par le lien de Justice réciproque, où ils voudront vivre librement de cette vie sociale, qui est la forme supérieure de la vie, et le terme de l'évolution humaine, parce que seule elle donne à la fois à l'individu la pleine disposition de sa liberté et la pleine satisfaction de sa conscience.

Mesdames et Messieurs,

Je remercie sincèrement l'École de Morale de m'avoir donné l'occasion d'exposer devant vous quelques-unes de mes idées sur les questions si pressantes à mes yeux que tout homme de bonne foi me semble tenu d'apporter sa contribution personnelle à leur discussion.

Je serais heureux si nos entretiens avaient pu servir, pour si peu que ce soit, à rendre plus évidente la nécessité d'un effort commun entre les esprits éclairés et libres en vue de hâter l'heure où se dégagera cette *conscience commune* de l'humanité civilisée, qui seule conciliera définitivement la justice et la liberté.

Paris. — Typ. A. DAVY, 52, rue Madame. — *Téléphone*